D1704069

ONLINE STRATEGY

DAS 10 X 10 DES ONLINE-MARKETINGS, SEO, SOCIAL MEDIA

SIMON BOÉ
JANA LIPOVSKI

DAS 10 X 10 ONLINE-MA
UND SOCIA

ÜR
RKETING
MEDIA

Vor rund zehn Jahren wurde das Internet von vielen Kulturkritikern noch als echte Gefahr gehandelt. Man befürchtete, dass der Mensch sich in einer künstlichen Welt verlieren und sein reales Leben vernachlässigen würde. Vereinsamung und Isolation waren die gängigsten Prophezeiungen und schürten die Angst vor dem großen Unbekannten, dem World Wide Web.

Vier iPhone-Generationen und rund 750 Millionen Facebook-Registrierungen später sind diese Sorgen weitgehend verschwunden: Das Internet hat sich als Massenmedium etabliert und wird mittlerweile als größte gesellschaftliche Neuerung der Kommunikation seit Erfindung des Buchdrucks anerkannt. Es beeinflusst unser Verhalten in quasi allen Lebens- und Kommunikationsbereichen. Die strikte Trennung zwischen realer und virtueller Welt löst sich auf. Hieraus ergeben sich täglich Chancen, die man vor einigen Jahren noch als bloße Utopien abgetan hätte.

Anstatt zu vereinsamen, nutzt der Onliner neue Formen der Vernetzung und erfährt eine Verbundenheit, die über geographische Grenzen hinausreicht. Das gilt für private wie berufliche Kontakte, aber auch für die sonstige Teilnahme am öffentlichen Leben. Und schließlich auch für das Verhältnis zwischen Verbraucher und Marken. Der User ist nicht länger konsumierender Rezipient, sondern wird zum aktiven Mitspieler in der Kommunikationslandschaft. Sein Gestaltungs- und Interaktionshorizont erweitern sich hierbei stetig. Wohingegen gleichzeitig die Beweggründe für seine Handlungen schwerer nachvollziehbar werden. So kann heute jeder Konsument via Social Media zum massenmedialen Sprachrohr werden. Diese Machtverschiebung sieht man aktuell wohl am deutlichsten bei politischen Protesten – vor allem in antidemokratischen Staaten. Aber gleichzeitig wirkt sich diese Machtverschiebung auch nachhaltig auf Unternehmen und Marken aus.

⊗

Marken werden heutzutage zunehmend zum Ergebnis eines zweiseitigen Prozesses zwischen Kunden und Unternehmen. Und erfordern ein grundlegendes Umdenken in der Kommunikation. Wer das Potential seiner Kunden bestmöglich nutzen möchte, muss die Möglichkeiten und Chancen im Online-Marketing erkennen und konsequent anwenden. Online-Marketing unterscheidet sich in seinem Wesen stark von klassischen Marketingmaßnahmen. Die Möglichkeit zur interaktiven Echtzeitkommunikation, präzises Targeting, kurzfristige Kampagnenplanung und kostengünstige Umsetzung sind nur einige von vielen Eigenschaften, die Online-Marketing zu einer eigenständigen Disziplin erheben. Die schlichte Adaption von bestehenden kommunikativen Vorgehensweisen oder Konzepten wird dem modernen, hochflexiblen Charakter des Online-Marketings nicht gerecht. Viele Unternehmen arbeiten derzeit intensiv daran, das Potential des Internets als Marketing-Instrument adäquat auszuschöpfen. Denn gerade in Zeiten knapper Marketingbudgets finden sich hier zahlreiche Wachstums- und Effizienzreserven.

Online-Marketing ist nicht im Kommen. Und Online-Marketing ist auch kein zukünftiger Trend. Online-Marketing ist heute schon ein zentraler Baustein im Marketingmix von vielen Marken und Unternehmen. Und es werden immer mehr.

Die zehn wichtigsten Teildisziplinen des Online-Marketings stellen wir in den „10 x 10 Goldenen Regeln“ vor. Sie dienen als hilfreiche Tipps. Sie erleichtern den Einstieg in die jeweiligen Themenbereiche und schulen das Verständnis für die neuen Technologien und Kommunikationsformen.

CGE
AQUARIUS

1
SOCIAL MEDIA

„Man kann nicht nicht kommunizieren!" Dieses Axiom von Paul Watzlawick gilt auch und erst recht im Bereich Social Media. Denn die virtuelle Konversation über Ihr Unternehmen oder Ihre Marke findet längst statt. Genau jetzt. Trotz Ihrer Abwesenheit diskutieren Onliner in Foren, Chats, über Twitter und Facebook über Ihre Produkte und Services. Eben das unterscheidet Social Media von klassischen Kommunikationsformen und Medien.

Die Konsumenten sorgen für einen authentischen Austausch auf Plattformen, die in kürzester Zeit hohe Reichweiten schaffen. Die Folge: Früher waren Sie als Unternehmen nur präsent, wenn Sie präsent sein wollten. Heute sind Sie es, wenn die Internetnutzer es wollen. Deshalb bleibt Ihnen vor allem eine Entscheidung: Nehmen Sie an der Konversation teil oder nicht?

Das Potential von Social Media ist groß, genau wie seine Risiken. Werbung und Marketing haben in den letzten Jahrzehnten inzwischen weitgehend festgefahrene Strukturen und Vorgehensmuster etabliert, ganz nach dem Motto „Dann schalten wir eben mal eine Anzeige oder einen Spot". Für den Onlinebereich sind diese Konzepte aber oftmals völlig ungeeignet. Deswegen erfordert der Einstieg ins Social Web ein grundlegendes Umdenken bezüglich des Marketings im Internetzeitalter.

Hier zehn wesentliche Punkte und Handlungsempfehlungen zum Thema Social Media.

VERSTEHEN SIE SOCIAL MEDIA

Je größer Ihr persönliches Verständnis für die Abläufe im Social Web ist, desto besser werden Sie Handlungsoptionen erkennen und die Bedürfnisse und Verhaltensweisen Ihrer Kunden verstehen. Probieren Sie es aus. Richten Sie sich ein Facebook-Profil ein, verbreiten Sie kurze Textnachrichten via Twitter und informieren Sie sich schlussendlich auch über Ihr Unternehmen im Netz (http://socialmention.com/). Hören Sie auf Ihre Zielgruppe, finden Sie Baustellen und identifizieren Sie die aktuelle Ausgangsposition Ihres Unternehmens.

Gleiches gilt auch für Ihre Mitarbeiter und alle, die an Ihrem Social Media-Vorhaben beteiligt sein werden. Legen Sie Richtlinien für das digitale Miteinander in Form einer Social Media-Guideline fest. Definieren Sie den Rahmen für die private und berufliche Kommunikation im Social Web und bieten Sie Ihren Mitarbeitern Orientierung beim Einstieg in diese neue Form der Kommunikation.

LEGEN SIE KLARE ZIELE FEST

Nur wenn Sie ganz genau wissen, wohin Sie wollen, können Sie bei der Strategieentwicklung den richtigen Weg einschlagen. Orientieren Sie sich dabei an Ihren bestehenden Unternehmenszielen. Social Media ist keine alleinstehende Strategie, sondern ein Mittel zum Zweck. Was wollen Sie erreichen und was kann Social Media dazu beitragen?

Um das Potential von Social Media voll auszuschöpfen, sollten Sie bei der Planung alle Unternehmensbereiche berücksichtigen. Denn neben der klassischen Unternehmenskommunikation können auch Disziplinen wie die interne Kommunikation, Human Resources oder Wissensmanagement von Social Media-Instrumenten profitieren.

BAUEN SIE EIN SOCIAL MEDIA TEAM AUF

Ohne geregelte Strukturen und ausreichend personelle Kapazitäten laufen Sie Gefahr, am Anspruch der Echtzeitkommunikation zu scheitern. Ein kleines Beispiel: Wer antwortet am Samstagnachmittag auf eine Twitter-Anfrage? Im Internet werden Schnelligkeit und Aktualität großgeschrieben. Für einen erfolgreichen Dialog benötigen Sie ein kompetentes Team, das inhaltlich alle relevanten Themengebiete bedienen kann und Ihre Zielgruppe versteht. Die Vernetzung des Social Media-Teams innerhalb Ihrer Organisation sollte alle Unternehmensbereiche umfassen und auch die Geschäftsführung miteinbeziehen.

IDENTIFIZIEREN SIE IHRE ZIELGRUPPE

Wer ist der Kunde? Und was kann ich für ihn oder sie tun? Wer den Kontakt zu engagierten Meinungsführern und echten Fans anstrebt, muss deren Bedürfnisse identifizieren. Im Gegensatz zu der Entscheidungsfindung vor dem Kühlregal kämpfen Sie nicht nur gegen Ihre branchenrelevanten Mitstreiter um die Gunst des Konsumenten.

Ihre Konkurrenz umfasst im weitesten Sinn alle denkbaren Inhalte des Internetdschungels, die die Aufmerksamkeit Ihrer Zielgruppe auf sich ziehen und so von Ihren Social Media-Aktivitäten ablenken. Das Netz ist schon lange nicht mehr Informationsplattform allein, sondern dient auch der Unterhaltung und dank Social Media vor allem der Vernetzung mit anderen Menschen.

LOKALISIEREN SIE IHRE ZIELGRUPPE UND WÄHLEN SIE DIE PASSENDEN KANÄLE

Es existiert eine Vielzahl an Kanälen und Technologien, die Sie je nach Zielgruppe und Zielsetzung sinnvoll auswählen sollten. Für den öffentlichen Austausch von Wissen und Meinungen eignen sich zum Beispiel Blogs und Foren. Für virale Bekanntmachungsstrategien soziale Netzwerke und Mikroblogs wie Facebook oder Twitter. Im Multimediabereich trifft man auf Foto- und Videosharing-Portale sowie Livecasting und Podcasts. Die Kollaboration von Wissen wiederum wird durch Wikis, Social Bookmarks sowie Bewertungsportale ermöglicht. Wo sich Ihr Unternehmen und Ihre Marken bewegen sollen, hängt dabei stark von Ihren Produkten, Services, den Interessen und Verhaltensweisen der Zielgruppe und Ihren eigenen Kommunikationszielen ab. Das Internet bietet Ihnen verschiedene Tools, mit denen Sie Ihre Zielgruppe definieren und passende Kanäle auswählen können. Achten Sie darauf, dass die eingesetzten Kanäle für Ihre Strategie geeignet sind.

PRODUZIEREN SIE RELEVANTE INHALTE

Wer im Social Web kommunizieren will, muss etwas zu sagen haben. Content ist also King. Kommen Sie deshalb bei der Entwicklung der passenden Inhalte nicht vom Weg ab, sondern konzentrieren Sie sich auf Ihre Kernkompetenzen. So wird Ihnen die Kreation von Inhalten weniger Mühe bereiten.

Wer auf seine Stärken setzt, kann auch langfristig Inhalte und Themen liefern, einen qualitativen Unterschied schaffen und darüber hinaus die Authentizität und Position seines Unternehmens wahren. Social Media-Content ist dabei nicht mit Werbeinhalten gleichzusetzen. Während in der klassischen Werbung meist die Tiefe fehlt, kommt es hier auf relevante Inhalte und echten Kunden-Nutzen an. Der größte Vorteil von Marketing in sozialen Netzwerken ist das sog. Word-of-Mouth-Potential. Mund-zu-Mund-Propaganda ist eine sehr effektive Form der Verbreitung und dabei nicht nur kostengünstig und schnell, sondern auch besonders glaubwürdig. Gestalten Sie Ihre Inhalte deshalb so, dass Sie schnell und einfach weitergeleitet werden können – sei es durch einen Share Button oder direkte Aufforderungen. Doch denken Sie daran: Nur wer begeistert und mitreißt ist „worth to be shared".

GEBEN SIE IHRER MARKE EINE MENSCHLICHE STIMME

Jahrzehntelang setzten Werbe- und Marketingexperten alles daran, ihren oftmals recht leblos wirkenden Produkten menschliche Charakterzüge zu verleihen. Im Social Web werden diese Persönlichkeiten nun erstmalig auf die Probe gestellt. Und es scheint, als wäre das Markenmanagement vieler Unternehmen trotz des emotionalen Markenkerns überfordert. Zu sehr hat man sich mit inszenierten Markenwelten und abstrakten Imagedimensionen beschäftigt und dabei langsam aber sicher den Sinn für die Realität verloren.

⊗

Echtzeitkommunikation erfordert eine grundlegende Neuorientierung. Und zwar am wirklichen Leben. Das Netz besteht schließlich, immer noch, aus Menschen – nicht aus Computern. Und für den Menschen löst sich die gedachte Trennung zwischen virtueller und realer Welt zunehmend auf. Agieren und reagieren Sie deshalb wie ein Mensch, der seinen Kunden auf der Straße begegnet: höflich, emotional, herzlich. Und durchaus mit etwas Humor – Lachen verbindet. Sprechen Sie mit Ihrem Kunden auf Augenhöhe und schicken Sie Ihre Markenpersönlichkeiten in den zwischenmenschlichen Dialog.

BLEIBEN SIE AM BALL

Wer A sagt, muss auch B und C und D und so weiter sagen. Wer nur darauf ausgelegt ist, möglichst viel Aufmerksamkeit in kürzester Zeit zu generieren – und keine weiterführenden Strategien hat, wird langfristig auf der Strecke bleiben. Das Internet kennt keine Ladenschlusszeiten. Soziale Plattformen sind rund um die Uhr geöffnet. Ein eingestaubter Blog, ein drei Monate alter Twitter-Beitrag oder die leere Facebook-Pinnwand sind für jeden zugänglich und zeigen vor allem eins: Sie meinen es nicht wirklich ernst. Fehlendes Engagement lässt sich im Netz nicht verstecken. Wem die notwendigen Ressourcen, der nötige Enthusiasmus und ausreichend interessanter Stoff für die regelmäßige, öffentliche Diskussion fehlen, wird kaum Erfolg im Social Web haben. Er läuft sogar Gefahr, sein Image nachhaltig zu schädigen. Social Media-Marketing ist kein Sprint, sondern ein Marathon.

LERNEN SIE ZU LERNEN

Nehmen Sie die Kritik Ihrer Kunden ernst. Denken Sie daran, dass der Kommentar einer einzelnen Person von vielen anderen Nutzern mitverfolgt werden kann. Denken Sie hierbei auch an die 90-9-1 Regel nach Nielsen (siehe www.90-9-1.de). Unzufriedenheit breitet sich schnell aus, und gerade sie trifft oft auf den Beifall Anderer. Wenn Sie im Social Web auftreten, müssen Sie lernen, in den Dialog zu treten und ihn schließlich für sich zu nutzen. Sehen Sie Kritik als reflektierten und ungefärbten Blick auf Ihre eigene Leistung, filtern Sie wichtige Erkenntnisse und entwickeln Sie daraus Optimierungsansätze.

Anstatt viel Geld für Marktforschung zu zahlen, bekommen Sie Ihr Feedback quasi umsonst. Doch vor allem: reagieren Sie schnell. Echtzeitkommunikation ist kein einseitiges Phänomen. Helfen Sie deshalb sofort bei Problemen, und gehen Sie umgehend auf Vorwürfe ein.

Und denken Sie stets daran: Einen Fehler einzugestehen, wirkt in der Öffentlichkeit besser als die Löschung diverser Beiträge oder der Versuch, berechtigte Kritik wegzuwischen.

NUTZEN SIE WEB CONTROLLING

Damit Sie die Effizienz und Effektivität Ihrer Social Media-Aktivitäten realistisch einschätzen können, sollten Sie kontinuierlich die Ergebnisse überprüfen. Hierfür können Sie auf kostenlose Monitoring-Tools im Internet zurückgreifen. Zu ihnen zählen beispielsweise Social Webseiten wie Analyzer, Google Alerts, Google Insight, Socialmention oder Rivva. Bei der Auswahl des passenden Werkzeugs sollten Sie festlegen, welche Kennzahlen für Ihr Unternehmen wichtig sind (z. B. Umsatz, Konversionrate, Page Impressions, Visits etc.). Andernfalls verlieren Sie in der Flut der Information schnell den Überblick. Webcontrolling liefert Ihnen Daten und Statistiken, die zeigen können, wo Optimierungsbedarf besteht – vorausgesetzt, sie werden richtig interpretiert. Ihr verantwortlicher Social Media-Manager sollte deshalb über ausreichend Know-how verfügen oder entsprechend geschult werden. Trotz zahlreicher Monitoring-Tools steht das Webcontrolling noch in den Anfängen, sodass wichtige Messgrößen für die Bestimmung der ganzheitlichen Wirkung einer Social Media-Strategie noch ausstehen. Halten Sie stets Ausschau nach neuen Methoden und Tools, denn das Web Controlling wird kontinuierlich weiterentwickelt.

2
FACEBOOK

Gemessen an seinen Mitgliederzahlen, wäre Facebook heute der drittgrößte Staat der Welt. Rund 750 Millionen. User wurden im Juli 2011 verzeichnet. In der Bundesrepublik wird das Netzwerk mittlerweile von 19 Millionen Menschen genutzt. Facebook führt aufgrund seiner Vernetzung zu einer nie dagewesenen Verbundenheit. Grenzen verlieren plötzlich an Bedeutung – nicht nur zwischen den Nationen oder zwischen On- und Offline-Welten, sondern gerade auch zwischen Menschen und Marken.

Das weltweit größte Netzwerk ist zugleich auch die Plattform, die am häufigsten für Marketingaktivitäten genutzt wird. Eine eigene Facebook-Page bietet Unternehmen die Möglichkeit, mit ihren Fans in Echtzeit zu kommunizieren und diese auch untereinander über ihre Marke diskutieren zu lassen. Interaktion ist das Stichwort. Kommunikation in nur eine Richtung ist hier absolut fehl am Platz. Unternehmen, die nicht in den Dialog einsteigen, sorgen lediglich dafür, dass das Gespräch ohne sie stattfindet und ihnen hilfreiches Feedback verloren geht.

Grundsätzlich gilt: Planen Sie Ihren Einstieg sorgfältig und bereiten Sie sich inhaltlich, personell und zeitlich auf eine neuartige Form des Kundenkontakts vor. Die Tools und Instrumente im Facebook-Marketing werden kontinuierlich weiterentwickelt, sodass ständige Wachsamkeit erforderlich ist.

Dennoch gibt es zehn Grundregeln, die Ihnen den Einstieg und langfristigen Erfolg erleichtern werden.

LEGEN SIE IHRE ZIELE FEST

Überlegen Sie sich im Vorfeld, was Sie mit Ihrem Facebook-Engagement erreichen wollen, und entwickeln Sie auf dieser Basis konkrete Maßnahmen.

Mögliche Ziele sind:
- Akquirierung neuer Fans
- Aufbau und Pflege eines positiven Markenimages
- Aufbau eines Expertenstatus

• Steigerung der Bekanntheit
• Erhöhung der Besucherzahlen auf Ihrer Webseite
• Positive Beeinflussung der Kundenakquisition durch Mundpropaganda
• Stärkung der Kundenbindung
• Weiterentwicklung von Produkten/Dienstleistungen durch Ideen-Austausch und Diskussion
• Mitarbeiterrekrutierung

SICHERN SIE SICH AUSREICHEND RESSOURCEN

Erfolgreiches Facebook-Marketing setzt kontinuierlichen Einsatz voraus. Die eigentliche Arbeit beginnt mit der Fertigstellung des Facebook-Profils. Ermitteln Sie deshalb im Vorfeld, ob Sie ausreichend Content liefern können und über die personellen Kapazitäten verfügen, um Ihr Facebook-Profil stets auf dem aktuellsten Stand zu halten. Sie wissen ja, nichts ist älter als die Zeitung von gestern. Und genauso verhält es sich auch mit Ihrer Facebook-Seite. Nur durch regelmäßige Updates halten Sie das Interesse für Ihr Unternehmen oder Ihre Marke aufrecht, erhöhen die Interaktion und liefern Material, das gerne verbreitet wird.

VERNETZEN SIE IHR FACEBOOK-PROFIL

Damit Kunden zu Fans werden können, müssen diese natürlich über Ihr Facebook-Engagement in Kenntnis gesetzt werden. Das kann off- wie online über Ihre Webseite, Visitenkarten, Briefpapier oder auch innerhalb einer Kampagne geschehen.

Bei der Erstellung Ihres Facebook-Profils sollten Sie möglichst alle zur Verfügung stehenden Datenfelder nutzen. Verlinken Sie zu Ihrer Webseite oder Ihrem Shop, führen Sie relevante Unternehmensinformationen auf und integrieren Sie Logos, Unternehmensfotos oder -videos. Durch Ihren offenen Umgang mit Daten schaffen Sie eine Vertrauensbasis für den Dialog und erhöhen die Auffindbarkeit Ihres Profils. In den Titel Ihrer Facebook-Seite sollte das wichtigste Keyword integriert werden. Gleiches gilt für die Vanity URL (facebook.com/Ihremarke), die in externen Suchmaschinen wie Google angezeigt wird. Wie bei der gewöhnlichen Suchmaschinenoptimierung genießen Backlinks auch hier einen hohen Stellenwert. Verlinken Sie Ihre Facebook-Seite deshalb stets auf all Ihren bestehenden Kommunikationsplattformen.

SCHAFFEN SIE SICH EINE FAN-BASIS

Damit Ihr Facebook-Engagement Früchte trägt, bedarf es einer aktiven Fan-Basis. In der Regel sammelt man seine ersten Fans in den eigenen Reihen. Denn erst mit 25 Fans erhalten Sie eine eigene Adresse (Vanity URL: www.facebook.de/meinemarke), die Sie nun in bestehende On- und Offlinekommunikation einbetten können.

Integrieren Sie die kostenfrei zur Verfügung gestellten Social Plugins, „Gefällt mir Button" oder das „Gefällt mir Feld", direkt auf Ihrer Webseite. Dadurch können Besucher Fan Ihrer Seite werden, ohne die Facebook-Seite besuchen zu müssen. Ist der Besucher parallel bei Facebook eingeloggt, werden ihm im „Gefällt mir Feld" sogar Fans aus dem Freundeskreis angezeigt. Das erhöht die Aufmerksamkeit und die Motivation, selbst Fan zu werden.

Das Wachstum der Fananzahl kann zu Beginn auch effektiv mit einem der drei Facebook-Anzeige-Typen angekurbelt werden. Facebook-Advertising nutzt für das Targeting sowohl demographische als auch psychographische Merkmale. Letzteres mindert die Streuverluste, da nur Nutzer angesprochen werden, die passende Interessen in ihrem Profil hinterlegt haben.

Integrieren Sie Ihre Facebook-Seite auch in bestehende oder zukünftige Kommunikationsmaßnahmen außerhalb des Social Webs und nutzen Sie somit entstehende Synergieeffekte.

STREBEN SIE NACH QUALITÄT

Der Fall Guttenberg hat gezeigt, dass ein LIKE-Button schnell gedrückt ist und nicht zwangsläufig das Involvement außerhalb der virtuellen Welt widerspiegelt. Für den Ex-Minister wurden 580.000 Fans in

Rekordgeschwindigkeit generiert, doch nur 5.000 von ihnen gingen tatsächlich auf die Straße. Pflegen Sie deshalb vor allem den Kontakt zu Meinungsführern Ihrer Branche. Diese fungieren als Multiplikatoren und sorgen für die effektive Verbreitung Ihrer Inhalte. Außerdem sind nur ausreichend involvierte Nutzer in der Lage, Ihnen hilfreiches Feedback und relevante Kritik bezüglich Ihrer Produkte und Dienstleistungen zu liefern.

BEGEISTERN SIE IHRE FANS

Stellen Sie sich stets die folgenden Fragen:
- Welche Inhalte motivieren meine Zielgruppe, Fan zu werden?
- Welche Inhalte motivieren meine Zielgruppe, die Seite aktiv zu nutzen?
- Welche Inhalte motivieren meine Zielgruppe, Content zu verbreiten?

Verlieren Sie nie aus den Augen, dass Sie mit Menschen kommunizieren, die wiederum da sind, um mit anderen Menschen verbunden zu sein. Facebook dient vor allem der Selbstinszenierung. Das gilt nicht nur für Sie als Unternehmen, sondern auch für Ihre Fans. Wer es also schafft, Content bereitzustellen, dessen Verbreitung der Profilierung dient oder den sozialen Kontakt fördert, wird Mittel zum Zweck. Und das ist in diesem Fall nicht negativ, sondern die gezielte Nutzung von viralem Potential. Werden Sie kreativ und schaffen Sie einen spürbaren Mehrwert. Überraschen und binden Sie Ihre Fans mit materiellen Vorteilen (Sonderangebote / Gewinnspiele), einem besonderen Privileg (limitierte Produkte/exklusive Informationen) oder einfach guter Unterhaltung (Spiele/Events).

FÖRDERN SIE DIE INTERAKTION

Die Interaktion Ihrer Fans ist enorm wichtig, da Facebook den News-Feed der Nutzer individuell filtert. Posts von Facebook-Profilen, auf denen Fans nur wenig aktiv sind, werden als uninteressant eingestuft und dem Nutzer nicht mehr angezeigt. Sorgen Sie deshalb regelmäßig für Beiträge, die den Dialog fördern. Doch auch hier sollte man es nicht übertreiben. Wenn Sie nichts Interessantes zu sagen haben, sollten Sie es auch nicht tun. Denn wer zu viele uninteressante oder gar werbliche Posts publiziert, läuft Gefahr, von den Usern selbst blockiert zu werden. Oberflächliche Werbefloskeln gehören nicht ins Social Web. Vermeiden Sie daher Spam und konzentrieren Sie sich auf zielgruppenrelevanten Content.

REDEN IST SILBER, ZUHÖREN IST GOLD

Noch wichtiger als sich mitzuteilen ist es, seinen Kunden zuzuhören. Nie zuvor war man als Unternehmen den Gedanken, Wünschen oder Kritikpunkten seiner Konsumenten so nah. Der Nutzer befindet sich in seinem gewohnten Umfeld und kann unmittelbar und unverblümt auf Geschehnisse im Alltag reagieren. Die virtuelle Distanz und die Unterstützung anderer Konsumenten senken zudem Hemmschwellen und führen zu einer direkten und ehrlichen Form der Kommunikation.

Reagieren Sie auf Kritik und nutzen Sie die Ideen und Verbesserungsvorschläge Ihrer Kunden zur Optimierung von Produkten und Dienstleistungen. Wer seine Kunden wahr- und ernst nimmt, erhöht die Kundenbindung und kann wertvolle Insights generieren. Sehen Sie Kritik als Chance und integrieren Sie diese in Ihre Gesamtstrategie.

NUTZEN SIE WEB-CONTROLLING

Um die Effizienz Ihres Facebook-Marketings optimieren zu können, müssen Sie es kontrollieren. Hierfür wird Ihnen von Facebook eine kostenlose Web Controlling-Software zur Verfügung gestellt, die Ihnen Informationen und Statistiken liefert. Mit „Facebook Insights" können Sie herausfinden, an welchen Tagen die Anzahl Ihrer Fans besonders stark gestiegen ist, auf welche Einträge aktiv reagiert wurde, wie stark die Interaktion ist und welcher Content gerne mit anderen geteilt wird. Darüber hinaus erfahren Sie auch Einzelheiten über das Alter, die Herkunft oder die Geschlechterverteilung Ihrer Zielgruppe.

Auf dieser breiten Basis von Informationen können Sie das Verhalten Ihrer Besucher auswerten und die Ergebnisse für die Entwicklung zukünftiger Strategien einsetzen.

BEACHTEN SIE DIE FACEBOOK-RICHTLINIEN

Bevor Sie Ihre Facebook-Aktivitäten detailgetreu planen, sollten Sie sich mit allen relevanten Richtlinien vertraut machen. Eine Facebook-Fanseite unterscheidet sich in ihren Möglichkeiten und Freiheiten erheblich von den privaten Nutzerprofilen. So gilt es beispielsweise, bereits bei der Entwicklung des Seitennamens schon einige wichtige Regeln zu beachten. Standardisierte Großschreibung und grammatikalische Korrektheit sind Pflicht, genauso wie der Verzicht auf Symbole, Slogans oder andere Umschreibungen. Wer sich nicht an die Richtlinien hält, riskiert den Entzug der Administrationsrechte.

Nehmen Sie sich deshalb die Zeit und informieren Sie sich bereits im Vorfeld über alle Regeln, die Sie bei Ihrem Social Media-Vorhaben beachten müssen.

日本橋 7
三宅坂 3

3
TWITTER

Vor sieben Jahren startete ein Mikroblogging-Dienst, der mittlerweile 14 Millionen Benutzerkonten aufweist. Ursprünglich war Twitter als eine Internetplattform angedacht, auf der die User in maximal 140 Zeichen eine Antwort auf die Frage „Was tust du gerade?“ geben sollten. Die Kurznachrichten wurden 2006 vorrangig von Prominenten genutzt, um ihre Tagesaktivitäten und Geheimnisse zeitnah an die Fans weiterzutragen.

Was aber hat das mit dem Online-Marketing von Unternehmen zu tun? Die Antwort liegt auf der Hand: In Twitter dreht sich alles um persönliche Beziehungen im virtuellen Raum. Die erfolgreichsten Nutzer sind diejenigen, die sich dafür einsetzen, Freundschaften aufzubauen. Die erfolgreichsten Unternehmen sind wiederum diejenigen, die aktiv die Diskussion verfolgen, die Wünsche der Kunden berücksichtigen und einen schnellen, kompetenten Kundendienst bieten. Seit geraumer Zeit nutzen Unternehmen Twitter, um ihre Zielgruppen anzusprechen und diese über neue Produkte dialogorientiert zu informieren.

Die Grundsätze des folgenden Abschnitts sollen Ihnen beim Erreichen von geschäftlichen Zielen in Twitter helfen.

NUTZEN SIE DEN OFFIZIELLEN KOMMUNIKATIONSKANAL

Twitter ist ein Social Network, das die Präsentation Ihres Unternehmens oder Ihrer Produkte in Echtzeit möglich macht. Stellen Sie den Usern aktuelle Informationen zu Produkten oder zu spezifischen Anlässen zur Verfügung. Machen Sie dabei auf Besonderheiten aufmerksam, die dazu beitragen, dass der User zu Ihrem Follower wird und diese Information weiterverbreitet.

GENERIEREN SIE FEEDBACKMÖGLICHKEITEN

Egal, welche Information Sie via Twitter verbreiten, die User sollten immer das Gefühl haben, aus eigener Motivation heraus zu agieren und auf Ihren Content zu reagieren. Dialogorientierte Kommunikation sollte somit im Vordergrund stehen. Verfolgen Sie die Meinungen der User und finden Sie heraus, wie Ihre Produkte etc. eingeschätzt werden.

STEIGERN SIE IHREN UMSATZ DURCH MEINUNGSFÜHRER

In der Social Media-Kommunikation ist es von Vorteil, wenn Sie aktuellen Content direkt an die Meinungsführer in Ihrer Zielgruppe richten. Dazu bedarf es einer genauen Beobachtung der User: Wer ist am häufigsten online und aktiv? Auf welchem Wege und wie oft agieren diese User und für welche Themen interessieren Sie sich? Diese Feinanalyse ist notwendig, damit Ihr Content schnell an die weniger aktiven User Ihrer Zielgruppe weitergeleitet wird.

NUTZEN SIE TWITTER NICHT ALS CHAT

Trotz allem ist Twitter kein Chat. Darum achten Sie darauf, dass Ihr Content seriös, klar und verständlich formuliert wird. Vermeiden Sie beispielsweise zu viele @-Zeichen in der Timeline, denn diese erschweren das Lesen für den User. Orientieren Sie sich an einem Richtwert von 1 Replay alle 25 Tweets in Routinezeiten.

DIE WICHTIGKEIT VON RETWEETS

In Deutschland wird in Twitter eine ganz besondere Form der schnellen Meinungsäußerung verwendet – die sog. Retweets. Voraussetzung dafür ist, dass eine Notwendigkeit besteht, die Follower regelmäßig mit allen wichtigen Informationen zu versorgen. Retweets sind dazu da, den Geschwindigkeitsvorteil von Twitter zu nutzen, damit die User den Content schnell rezipieren können und Sie gegebenenfalls eine sofortige Rückmeldung erhalten.

REINHEITSGEBOTE BEI TWITTER EINHALTEN

Gleich welchen Inhalt Sie den Usern zur Verfügung stellen, der Content sollte für jeden verständlich sein. Wichtig ist zudem, dass Sie mit der diffusen Diversität, die sich aus Verlinkungen, Fotos oder Verknüpfungen mit anderen Plattformen ergibt, sorgsam umgehen. Denn diese Möglichkeiten lenken von den eigentlichen Kommunikationsinhalten ab.

⊗

SERIOSITÄT IN INHALT UND SPRACHE

Verwenden Sie keine legere Sprache, sondern bleiben Sie sachlich und umgänglich. Professionalität zeichnet sich dadurch aus, dass Sie anzügliche Themen vermeiden und auf neutraler, nicht wertender Weise mit den Usern kommunizieren – selbst, wenn deren Beiträge provozierend auf Sie wirken.

KÖNNEN SIE DIE 140 ZEICHEN ERREICHEN?

Stellen Sie sicher, dass Ihr Beitrag möglichst die Zeichenanzahl von 140 erreicht. Twitter-User haben für diese Inhaltsmenge eine Lesegewohnheit entwickelt. Und Meldungen, die weniger Zeichen beinhalten, werden schlichtweg überlesen – die Retweets natürlich ausgenommen.

CORPORATE IDENTITY EINHALTEN

Mit dem Kommunikationskanal Twitter stellen Sie Ihr Unternehmen bzw. Ihre Produkte dar. Die User sollen auf dem ersten Blick erkennen, dass es sich um genau das Unternehmen handelt, das die Produkte herstellt, für die sie sich interessieren. Corporate Identity ist also auch im virtuellen Raum ein wesentlicher Aspekt, nicht zuletzt, um die Glaubwürdigkeit Ihres Contents zu unterstützen.

REPUTATION IN TWITTER

Betreiben Sie durch Twitter Reputations-Management. Durch das rasche Veröffentlichen von Beiträgen ermöglicht Twitter einen schnellen Kundendienst. Kostenintensive Meinungsforschung wird daher überflüssig. Dabei spielen zwei wichtige Aspekte eine wesentliche Rolle: Orientieren Sie sich an den Interessen Ihrer Zielgruppe und reagieren Sie schnell auf kritische Situationen wie z. B. negative Userbeiträge.

◁ 28

4 ONLINE COMMUNITIES

Im Mai 2010 veröffentlichte der Bundesverband für Community Management e.V. (BVCM) eine der ersten offiziellen Definitionen: „Community Management ist die Bezeichnung für alle Methoden und Tätigkeiten rund um Konzeption, Aufbau, Leitung, Betrieb, Betreuung und Optimierung von virtuellen Gemeinschaften sowie deren Entsprechung außerhalb des virtuellen Raumes. Unterschieden wird dabei zwischen operativen, den direkten Kontakt mit den Mitgliedern betreffenden, und strategischen, den übergeordneten Rahmen betreffenden, Aufgaben und Fragestellungen." Wie sollen nun aber Unternehmen Communities aufbauen und verwalten, damit Konzepte umgesetzt und Ziele erreicht werden?

Die folgenden „10 Goldenen Regeln" helfen bei der virtuellen Kommunikation und Interaktion im Social Network und in Communities.

SETZEN SIE COMMUNITIY COMMUNICATION SINNVOLL EIN

Sie möchten sich, Ihr Unternehmen oder Ihre Produkte sowie bestimmte Anlässe in einer eigenen Community präsentieren und der Öffentlichkeit zugänglich machen? Überprüfen Sie vorher genau, ob sich das für Ihr Vorhaben lohnt. Nicht jeder Künstler und nicht jedes Produkt eignen sich für eine virtuelle Darstellung in Communities. Community Communication ist nur dann sinnvoll, wenn genügend innovativer Content vorhanden ist. Und es zahlt sich erst dann aus, wenn es dafür eine Zielgruppe gibt.

DEFINIEREN SIE IHRE ZIELGRUPPEN UND ZIELE

Was möchten Sie mit der Präsentation in einer Community oder auf mehreren Internetplattformen erreichen? Sollen sich die Internet-User aktiv an Produktneuheiten beteiligen und eigene Ideen für dieses Produkt entwickeln? Oder geht es lediglich um die Bekanntmachung von Neuigkeiten in Ihrem Unternehmen? Je nachdem, was Sie erzielen möchten, sollten Sie sich für die passende Community entscheiden. Und Social Network Communication muss je nach Community individuell angepasst werden. Denn User bei Facebook agieren beispielsweise anders als User bei Twitter.

MEINUNGSFÜHRER SIND DIE (HEIMLICHEN) COMMUNITY LEADER

Wann immer Sie Content in einer Community veröffentlichen wollen, sprechen Sie die Meinungsführer im virtuellen sozialen Netzwerk an. Meinungsführer sind aktive, selbstbewusste User mit einem großen Interesse am aktuellen Geschehen. Sie lesen nicht nur regelmäßig die Community-Beiträge, sondern nehmen aktiv an der Kommunikation teil. Sie fungieren als Gatekeeper, tragen die Neuigkeiten an die weniger aktiven Mitglieder im virtuellen Netzwerk weiter und selektieren vorher, welche Informationen wichtig sind. Community Leader helfen Ihnen dabei, Ihre Ziele in einem dynamischen Kommunikationsprozess schnell zu erreichen.

KOMMUNIZIEREN SIE DIALOGORIENTIERT

Communities und Social Networks dienen dem Dialog mit der Zielgruppe, dem Austausch gleicher Interessen und der Diskussion. So können Sie herausfinden, was gefällt und was gewünscht wird, um anschließend die Präsentation Ihres Unternehmens, der Produkte oder aktueller Anlässe entsprechend zu verbessern. Hören Sie den Usern genau zu, um zu verstehen, was gefordert wird, und vermitteln Sie ihnen vor allem auch das Gefühl, dass Sie zuhören.

GEBEN SIE DER ANONYMITÄT EIN GESICHT

Durch den stetigen Dialog mit Ihrer Zielgruppe machen Sie Ihr Unternehmen greifbar und die virtuelle Anonymität stellt keine Barriere für die Kommunikation mehr dar. Stellen Sie dem User genügend Tools zur Verfügung, um seine Leistung selbst bewerten zu können wie z. B. Rankings zum Aktivitätslevel.

UMSCHIFFEN SIE REPUTATIONSRISIKEN

Beachten Sie, dass Social Media nahezu 24 Stunden am Tag stattfindet. Die User kommunizieren dann, wenn sie Zeit haben und motiviert sind. Etablieren Sie ein funktionsorientiertes Social Media-Monitoring, damit Sie zeitnah antworten können. Vor allem im Krisenfall ist eine schnelle Reaktion unabdingbar, um zu verhindern, dass sich Sachverhalte unkontrolliert ausbreiten.

SETZEN SIE AUF IMPULSE UND CONTENT ANSTELLE VON INFORMATIONSÜBERFLUTUNG

Überfluten Sie Ihre Community nicht mit Informationen. Regelmäßige Beiträge mit Kommunikationspotential sind wichtig, allerdings sollten Sie sich auf den wesentlichen Content konzentrieren, anstatt zu überinformieren.

PEER-TO-PEER-INTERAKTIONEN STEHEN IM VORDERGRUND

Nach Gründung Ihrer Community sollte die Kommunikation unter den Usern schnellstmöglich von sich aus funktionieren. User sollten die Möglichkeit haben, eigenen Content einzubringen und miteinander zu kommunizieren. Online-Communities sind der Raum für den interaktiven Meinungsaustausch. Stellen Sie diesen Raum zur Verfügung.

COMMUNITY MANAGEMENT MUSS PROFESSIONELL PRAKTIZIERT WERDEN

Sie sollten sich für erfahrene Moderatoren entscheiden. Sie sind durch ihre Kenntnisse in diesem Bereich mit strategischen Vorgängen vertraut und können diese umsetzen. Ein User erkennt sehr schnell, ob es sich um professionelles Community Management oder um eine laienhaft geführte Kommunikation handelt.

BEWÄLTIGEN SIE KRISENSITUATIONEN ERFOLGREICH

Falls es zu einer kritischen Ausnahmesituation kommt, in der harte Kritik seitens der User ausgeübt wird, müssen Sie schnell reagieren. Hören Sie genau zu, was der User bemängelt. Und verfolgen Sie diese Kommunikation bis zum Ursprung. Gehen Sie auf sämtliche Vorwürfe ein, stellen Sie sich immer als Lösungspartner dar und bleiben Sie im Dialog mit den Usern.

5 SUCH-MASCHINEN OPTIMIERUNG / SEO

Suchmaschinen zählen zu den wichtigsten Verkehrsknotenpunkten im Internet. Rund 60 Milliarden Webseiten und eine unüberschaubare Informationsdichte machen sie zu einem unverzichtbaren Bestandteil der Online-Welt. Bei der Suche im Internet werfen nur die wenigsten User einen Blick auf die zweite oder dritte Ergebnisseite eines Suchmaschinenrankings.

Die Suchmaschinenoptimierung scheint ein Zauberwort des Internets zu sein und ist so etabliert wie nie – ob große, mittelständische oder kleine Unternehmen, alle setzen auf SEO. Im Gegensatz zum Suchmaschinenmarketing zielt die Suchmaschinenoptimierung auf möglichst gute Platzierungen in den nicht-bezahlten Suchergebnislisten ab und ist auf langfristige Erfolge ausgelegt.

Die genauen Kriterien, nach denen diese Rankings erzeugt werden, sind jedoch geheim. Google, Yahoo und Co. erheben den Anspruch, objektive und unmanipulierte Rankings zur Verfügung zu stellen und versuchen deshalb den Missbrauch zu erschweren. Die Vorgehensweisen sind von Anbieter zu Anbieter unterschiedlich, sodass es keine Ranking-Strategie gibt, durch die ein guter Platz in allen Suchmaschinen gesichert werden könnte. Aufgrund des Marktanteils von 90% erscheint es aber sinnvoll, sich bei der Suchmaschinenoptimierung vor allem auf Google zu konzentrieren. Techniken, die das Suchmaschinenranking bei Google beeinflussen, sind Webcrawler und Sortieralgorithmen. Backlinks werden als Indiz für die Linkpopularität oder Wichtigkeit einer Website genutzt und stellen den entscheidendsten Faktor bei der Erstellung von Rankings dar.

Worauf hauptsächlich bei der Suchmaschinenoptimierung geachtet werden muss, zeigen die folgenden 10 Richtlinien.

BERÜCKSICHTIGEN SIE ONPAGE- UND OFFPAGE-FAKTOREN

Bei der Suchmaschinenoptimierung unterscheidet man zwischen OnPage- und OffPage-Kriterien. Während früher vor allem seitenbezogene Kriterien verbessert wurden, verschiebt sich der Fokus heute eindeutig zur externen Optimierung. Die hohe Relevanz der OffPage-

Kriterien sorgt dafür, dass Websites nicht passiv in der Ecke verstauben dürfen, sondern aktiv verbessert und über die eigenen Website-Grenzen hinaus in das World Wide Web integriert werden müssen. OnPage-Optimierung stellt dennoch eine unverzichtbare Basis dar und sollte nicht vernachlässigt werden.

VERWENDEN SIE SEITENTITEL UND META-TAGS

Der Seitentitel beschreibt Nutzern und Suchmaschinen kurz und knapp, wovon eine Website handelt. Hierfür sollten bestenfalls der Name Ihrer Firma/Marke, sowie einige weitere differenzierende Keywords zum Einsatz kommen. Die ausgewählten Wörter beziehen sich im Idealfall auf den Inhalt der jeweiligen Seite und werden für alle Unterseiten individuell zusammengestellt. Die kurzen, aber aussagekräftigen <title>-Tags werden in die <head>-Tag des HTML-Codes integriert. Falls die ausgewählten Wörter in der Suchanfrage des Nutzers vorkommen, werden sie im Suchmaschinenranking fett gedruckt. Auf diese Weise kann der Nutzer feststellen, wie relevant eine bestimmte Website für ihn ist.

BEACHTEN SIE DIE URL-STRUKTUR

Sorgen Sie für eine Verzeichnisstruktur, die ihren Inhalt benutzerfreundlich darstellt und die Orientierung erleichtert. Ihre URLs werden gerne verlinkt, wenn sie relevante Wörter für den vorliegenden Seiteninhalt enthalten. Sehr lange, nichtssagende URLs wirken hingegen abschreckend. Die URL findet sich im Suchmaschinenranking unterhalb des kurzen Textauszugs (Snippets) wieder und wird bei Übereinstimmungen mit den Suchbegriffen ebenfalls fett hervorgehoben.

VERLINKEN SIE INTERN

Eine sinnvolle interne Verlinkung innerhalb der einzelnen Seiten Ihrer Website bietet Ihren Besuchern eine gute Übersicht und wird von Google höher gewertet. Verlinken Sie beispielsweise innerhalb eines Textes zu Unterseiten, die ebenfalls mit der Thematik zu tun haben. Die anklickbaren Wörter (Ankertext) innerhalb eines Links sollten dabei selbsterklärend sein. Durch einen aussagekräftigen Ankertext können Suchmaschinen und Nutzer einfacher verstehen, wohin eine verlinkte Seite führt und welchen Content sie beinhaltet.

SCHRÄNKEN SIE CRAWLINGS EIN

Manchmal ist es notwendig, Suchmaschinen auf Inhalte hinzuweisen, die nicht gecrawlt werden sollen. Dadurch werden andere Inhalte wiederum stärker gewichtet. Hierzu kann man entweder auf den robots.txt-Generator von Google oder die „nofollow"-Variante zurückgreifen. Die robots.txt-Datei bestimmt, ob eine Suchmaschine auf bestimmt Inhalte zurückgreifen darf. Für jede Subdomain muss hierbei eine individuelle Datei erstellt werden. Links, die mit dem rel="nofollow"-Attribut versehen sind, werden ebenfalls von der Berechnung für ein Ranking ausgeschlossen. Sinnvoll ist die automatische Generierung des Attributs beispielsweise für Foren und Benutzerkommentare. Oder wenn Sie in eigenen Artikeln auf Webseiten verweisen, mit denen Sie innerhalb des Rankings nicht in Verbindung gebracht werden wollen.

GENERIEREN SIE RELEVANTEN CONTENT

Verlieren Sie Ihre Zielgruppe nicht aus den Augen. Auch die beste Suchmaschinenoptimierung sollte Sie nicht davon abhalten, weiterhin relevanten Content zu liefern. Wenn Sie sich bei der Optimierung zu sehr auf die Anforderungen der Suchmaschinen versteifen, verlieren Sie den Blick für die Bedürfnisse Ihrer Zielgruppe und erhalten nicht das gewünschte Resultat. Interessante und einzigartige Inhalte sind nach wie vor der größte Erfolgsgarant für Traffic auf Ihrer Website.

BAUEN SIE WEBMASTER-TOOLS EIN

Webmaster-Tools großer Suchmaschinen bilden eine wichtige Unterstützung im Umgang mit Suchmaschinenoptimierung. Google Analytics und das Website-Optimierungstool liefern zudem wichtige Informationen über die Wirkung Ihrer Optimierungsmaßnahmen. Der Erfolg diverser Änderungen, z. B. der Description-Meta-Tags, können problemlos kontrolliert werden. Mit Google Trifecta, einer Kombination aus Google Analytics und den Webmaster-Tools, lassen sich noch tiefere Erkenntnisse gewinnen. Auf dieser Kontrollbasis sind auch Experimente zur Steigerung der Conversion-Rate möglich.

BAUEN SIE BACKLINKS ÜBER DRITTE AUF

Der Backlinkaufbau ist nur begrenzt steuerbar, da man im Normalfall nicht bestimmen kann, wer wann und wo auf eine Seite verlinkt. Fördern Sie aber beispielsweise den Linkaustausch mit Geschäftspartnern und Zulieferern. Dabei sollten Sie auf möglichst unterschiedliche Seiten verlinken, da Google auffällige wechselseitige Verlinkung als Missbrauch einstufen kann. Hinterlegen Sie Ihr Firmenprofil oder interessante Texte mit integrierten Links in branchenrelevanten Foren, Online-Branchenbüchern und Presseportalen.

AUCH DAS SEO WIRD SOZIAL

Die Bedeutung sozialer Netzwerke wie Facebook oder Twitter wird auch für Suchmaschinen immer wichtiger und gilt als wesentlicher Treiber der Weiterentwicklung des Suchmaschinen-Algorithmus von Google. Bei der zunehmenden Nutzung sozialer Netzwerke durch die breite Masse ist es durchaus ein logischer Schritt, den Content der Social Spaces als suchmaschinenrelevanten Inhalt zu betrachten. Der Soziograph, also die Sichtbarkeit einer Seite in sozialen Netzwerken, wird immer wichtiger. Und was bedeutet das für das eigene SEO? Google setzt immer mehr auf qualifizierte Backlinks, indem sie die „Click-Through-Rate" eines Links beziehen. Links, die in sozialen Netzwerken verbreitet werden, erhalten somit eine doppelte Funktion für das SEO. Zum einen werden klassisch Backlinks generiert. Und zum anderen erhalten diese zusätzliche Relevanz durch ihre virale Verbreitung in sozialen Netzwerken. Doch hier ist Vorsicht geboten, denn je mehr Nutzer den eigenen „natürlichen" Linkaufbau durch Social SEO unterstützen, desto mehr Inhalte müssen kontinuierlich kontrolliert werden. Grund ist die Neigung vieler Nutzer, Inhalt per Copy & Paste zu verbreiten. Hier kann das Problem des „Duplicate Content" entstehen. Eine dauerhafte Überwachung ist also auch im

Social SEO von maßgeblicher Bedeutung. „Social SEO" sollten Sie somit als Schnittstelle zwischen SEO und SMM (Social Media Marketing) verstehen.

Scheuen Sie sich also nicht, Ihre Inhalte manuell in den sozialen Netzwerken zu verlinken und zu streuen, um so eine Social-Backlink-Struktur zu schaffen.

VERMEIDEN SIE UNLAUTERE METHODEN

Die Versuchung ist groß, auf unlautere Methoden zur schnellen Suchmaschinenoptimierung zurückzugreifen, denn auf den ersten Blick erscheint der kurzfristige schnelle Erfolg durchaus vielversprechend. Auf den zweiten Blick werden jedoch Grenzen und Konsequenzen deutlich: Der Kauf hunderter Domains zum Zwecke der Verlinkung macht schon allein deshalb wenig Sinn, da Google sich an IP-Adressen orientiert und schnell erkennen kann, dass ein Domain-Netzwerk inszeniert wurde. Solche und andere Methoden können schnell zur Abwertung der Website durch Google führen und lohnen sich langfristig nicht. Berücksichtigen Sie deshalb die Richtlinien in den Webmaster-Tools von Google.

◁ 40

6 SUCH-MASCHINEN MARKETING / SEM

Suchmaschinenmarketing (SEM), das auch unter dem Begriff Keyword- oder Performance-Advertising bekannt ist, befasst sich mit der Buchung und Optimierung von Textanzeigen und basiert auf der richtigen Auswahl von Keywords, nach denen Besucher im Internet suchen. Diese Keywords können bei Anbietern wie Google AdWords gebucht werden. Sucht ein Benutzer auf einer Suchmaschine nach dem gebuchten Keyword, wird auf der Ergebnisseite die entsprechende Anzeige eingeblendet. Diese Anzeigen sind optisch von den Suchergebnissen getrennt. Klickt der Internetnutzer auf die Anzeige, wird eine Gebühr fällig (Cost per Click, CPC), deren Höhe sich nach der Popularität des Keywords richtet. Die Rangfolge der „sponsored links" wird in einem Auktionsverfahren versteigert. Das heißt, jeder Werbetreibende kann für seine relevanten Suchbegriffe ein Gebot abgeben. Je höher das Gebot ist, desto höher ist auch die Stelle im Ranking. Insofern bestimmt der Werbetreibende selbst, wie viel ein solch gezielt weitergeleiteter Besucher letzten Endes kostet. Suchmaschinenmarketing-Kampagnen sind sehr genau steuerbar und lassen sich mittels Tracking während der Kampagnenlaufzeit fortwährend optimieren. Der Werbetreibende hat also jederzeit die volle Kontrolle über den Erfolg seiner Kampagne und das hierbei eingesetzte Werbebudget.

Im Folgenden finden Sie 10 Gedanken zum Thema Keyword-Advertising.

MIT SCHLÜSSELWÖRTERN ZUM ERFOLG

Führen Sie zu Beginn eine umfangreiche Keywordanalyse durch. Versetzen Sie sich hierfür in die Lage Ihrer Zielgruppe. Mit welchen Worten oder Wortkombinationen würde Ihr Kunde nach Ihrer Marke oder Ihrem Unternehmen suchen? Mehrzahl oder Einzahl, zusammengeschrieben oder getrennt, neue oder alte Rechtschreibung? Mit Hilfe des Google Keyword Tools können Sie das Suchvolumen eines Begriffs ermitteln und mit anderen vergleichen. Keywords sollten innerhalb des Contents möglichst am Textanfang oder -ende sowie am Satzanfang stehen.

DAS BUDGET BESTIMMT DEN QUALITÄTSFAKTOR

Achten Sie darauf, dass Sie nicht mit einem zu geringen Budget starten. Und belegen Sie im Ranking möglichst hohe Positionen, denn diese bilden den Qualitätsfaktor. Erst dadurch werden Werbebudgets vollständig ausgeschöpft. Ein niedriger Qualitätsfaktor erreicht genau das Gegenteil: Ihre Werbemaßnahmen werden nur unnötig teuer. Und der von Ihnen gewünschte Return on Investment wird nicht erzielt.

ENTWICKELN SIE AUSSAGEKRÄFTIGE UND WERBEWIRKSAME TEXTE

Trotz der breit gefächerten Möglichkeiten, Ihre Webseite oder Ihre Produkte optimal in den Suchmaschinenergebnissen zu platzieren, sollten Ihre Werbetexte zielgerichtet und für den Kunden ansprechend gestaltet werden. Denn selbst ein hervorragendes Ranking verliert an Qualität, wenn der Content der Webseite mangelhaft ist.

ACHTEN SIE AUF REGIONALE UND NATIONALE KUNDENSPRACHE

Ermitteln Sie Ballungszentren und Zielgebiete Ihrer Kunden. Wenn Sie Ihre Anzeigen in den für Sie relevanten Kundenregionen zum Einsatz bringen, werden Ihr Unternehmen oder Ihre Produkte in den passenden Gebieten von den passenden Personen gefunden.

SETZEN SIE AUF GOOGLE ANALYTICS

Web-Controlling ist beim Suchmaschinenmarketing unabdingbar. Nur so können Sie die Erfolge Ihrer Online-Strategien und die Ergebnisse Ihrer strategischen Maßnahmen kontrollieren und gegebenenfalls verbessern. Google Analytics bietet Ihnen kostenfrei diese Möglichkeit. Dieser Service untersucht den Traffic Ihrer Webseite und stellt die Ergebnisse in unterschiedlichen Statistiken dar.

BEHALTEN SIE DAS ZIEL IM AUGE

Kontrollieren Sie die anfangs definierten Ziele für Ihre Online-Kampagne regelmäßig. Orientieren Sie die Kampagnenstruktur an der Zielsetzung und passen Sie diese gegebenenfalls im Laufe der Zeit an. Planen Sie aber auch Veränderungen ein, sowohl bezüglich der Kampagnenlaufzeit als auch bezüglich des Budgets.

CONVERSION TRACKING

Sie verkaufen etwas online? Dann setzen Sie einen Conversioncode ein, der Ihnen genau die Informationen liefert, die Sie benötigen: Wie viel Umsatz habe ich mit welchem Keyword gemacht? Die Einbindung eines Conversions ermöglicht es Ihnen, Ihre Kampagne auszusteuern und den maximalen Erfolg zu erzielen. Berechnen Sie den „Return on Ad Spendings" (ROAS) Ihrer Kampagne – ({Umsatz-Gesamtkosten}/Kampagnenkosten) x 100. Denn nur so können Sie sicher sein, die richtigen Keywords eingekauft zu haben.

LEGEN SIE DIE CLICK-PREISE FEST

Bestimmen Sie, wie viel Sie höchstens pro Klick auf Ihre Anzeige bezahlen würden. Danach sollten Sie das gewünschte Tages- und Monatsbudget festlegen. Ergänzend erstellen Sie eine Liste mit den Zahlen der Wettbewerber in Ihrer Branche und aktivieren den Account.

DIE BESTEN TESTEN UND TESTEN

Um eine dynamische Optimierung zu erzielen, sollten Sie Ihre Kampagne fortlaufend anpassen und optimal ausrichten. Testen Sie alle einzelnen Funktionen regelmäßig und korrigieren Sie die Fehler Ihrer Kampagne. Die Möglichkeiten des Suchmaschinenmarketings können nur dann erfolgreich genutzt werden, wenn diese mehreren Tests unterzogen werden.

QUALITÄT VON ANFANG AN

Zusammenfassend lässt sich sagen, dass die Qualität Ihres Kontos von verschiedenen Faktoren abhängt. Kontrollieren Sie diese Faktoren deshalb regelmäßig, um so einen effektiven Auftritt zu generieren. Das Ziel sollte es sein, mit mehr Qualität auch mehr Sales und Leads einzukaufen.

7 ONLINE-PR

Beschleunigt durch die Entwicklung des Web 2.0 verlagern sich die klassischen PR-Aufgaben mehr und mehr auf Internetplattformen. Moderne Unternehmenskommunikation findet gegenwärtig fast ausschließlich im Internet statt. Journalisten bevorzugen Pressemitteilungen per E-Mail, um „Papierkram" zu vermeiden. Sie informieren sich in Online-Presseportalen über Mitteilungen oder nutzen Newsticker. Suchmaschinenrecherche mit Google sowie andere Nachschlagemöglichkeiten im Internet sind für Journalisten ebenfalls gängige Werkzeuge. Mittels des World Wide Web gelangt man heute problemlos an Informationen jeglicher Art. Viele dieser virtuell recherchierbaren Informationen lassen jedoch an der Glaubwürdigkeit der Quelle zweifeln. Und gerade im Internet kommt es häufig und schnell vor, dass ein Unternehmensimage nachhaltig geschädigt wird. Fast jedes Unternehmen hat mittlerweile erkannt, dass die Präsenz im Internet unerlässlich ist. Doch wie betreibt man erfolgreich Online-PR. Und welche wichtigen Aspekte sollte man bei der virtuellen Präsentation eines Unternehmens beachteten?

10 Leitlinien geben einige Antworten auf diese Fragen.

BEGREIFEN SIE DAS INTERNET ALS IHREN ÖFFENTLICHKEITSBEREICH

Nutzen Sie alle Möglichkeiten, um Ihr Unternehmen, Ihre Unternehmensziele sowie Ihre Produkte zu präsentieren. Das A und O ist eine Unternehmenswebsite. Denn wenn man im Internet nach Ihnen sucht, werden Sie auch gefunden. Achten Sie dabei auf eine gute Usability mit Sitemap und auf eine übersichtliche Darstellung der Unternehmensinformationen. Neben der Darstellung des Unternehmens, seiner Aufgaben und Philosophie sind Referenzen sowie Impressum und Kontaktmöglichkeiten per Telefon und E-Mail unverzichtbar.

PRÄSENTIEREN SIE IHR UNTERNEHMEN ZEITGEMÄSS UND AKTUELL

Bleiben Sie stets auf dem Laufenden, aber geben Sie auch anderen diese Chance. Bieten Sie Journalisten die Möglichkeit, sich über Ihre

Website hinaus über Ihr Unternehmen zu informieren. Beispielsweise, indem Sie zu Ihrem Firmen-Blog oder zu Corporate Communities verlinken.

NUTZEN SIE DIE MÖGLICHKEIT DER DIALOGORIENTIERTEN SOCIAL MEDIA COMMUNICATION

Unternehmensneuigkeiten, wie zum Beispiel die Einführung eines neuen Produktes, lassen sich durch Social News Portale und Mikroblogging-Dienste schnell verbreiten. Diese Kommunikationskanäle bieten zudem hervorragende Feedbackmöglichkeiten. Rückmeldungen können Sie für die Evaluation zur Verbreitung der Informationen nutzen. Der symmetrische Kommunikationsweg durch die Social Network Kanäle hilft Ihnen dabei, immer im Dialog mit Ihrer Zielgruppe zu bleiben.

PUBLIZIEREN SIE REGELMÄSSIG UND AKTUELL

Finden Sie die richtige Frequenz für die Veröffentlichungen von Pressemitteilungen. Wichtig ist es, eine gewisse Regelmäßigkeit herzustellen und schnell auf Meldungen der Teilöffentlichkeit zu reagieren.

Professionelle Unternehmenswebseiten zeichnen sich durch einen für Journalisten und Interessenten zugänglichen Pressebereich aus. Journalisten recherchieren zuerst auf den Webseiten der Unternehmen, um sich zu informieren. Dieser Bereich sollte auf der Startseite deutlich sichtbar sein und die aktuellsten Pressemitteilungen mit Ansprechpartnern zeigen. Darüber hinaus sollte im Downloadbereich u. a. auch Bildmaterial zur Verfügung stehen.

WÄHLEN SIE DIE RICHTIGEN ONLINE-PRESSEPORTALE AUS

Recherchieren Sie, welche Presseportale von Journalisten in Ihrer Branche am meisten genutzt werden. Eine willkürliche Streuung der Pressemitteilung schadet dem Image des Unternehmens und ist wenig effektiv. Seriöse Portale untersuchen die Pressemitteilung nach Werblichkeit, Namen und Anlass.

DURCH WELCHE MEDIEN ERREICHEN SIE IHRE ZIELGRUPPE?

Nicht jede Zielgruppe ist trotz der Verbreitung des World Wide Web über das Medium Internet erreichbar. Ob es sich lohnt, den Schwerpunkt auf Online-PR anstelle von klassischer Öffentlichkeitsarbeit zu legen, sollten Sie im Rahmen einer Zielgruppenanalyse untersuchen.

NUTZEN SIE DIE MACHT DER SUCHMASCHINEN

Internetgebundene Suchmaschinenoptimierung ist ein Konzept des Online-Marketings zur Verkaufsförderung und Umsatzsteigerung. Bei der Suchmaschinenrecherche gewinnen die Suchergebnisse, die an erster bis dritter Stelle – zumindest jedoch auf der ersten Seite – stehen. Diese Ergebnisse werden von Journalisten zuerst gelesen und für ihre redaktionellen Beiträge verwendet. Optimieren Sie Ihre Beiträge deshalb für Suchmaschinen, indem Sie entsprechende Keywords auswählen.

PAGE RANK

Der Page Rank ist ein Instrument im Onlinebereich, um verlinkte Dokumente anhand ihrer Struktur zu bewerten und zu gewichten. Dabei gilt folgende Grundregel: Je mehr Links auf eine Seite verweisen, desto höher ist das Gewicht der Seite. Je höher das Gewicht der verweisenden Seiten ist, desto größer ist der Effekt. Das bedeutet, dass die Internetpräsenz Ihres Unternehmens bei großem Effekt zunimmt. Ziel ist es, Links zu wichtigen Seiten weiter vorne in der Ergebnisliste anzuzeigen. Das wird erreicht, indem die Links dem Gewicht entsprechend sortiert werden. Und so eine Ergebnisreihenfolge bei der Suchanfrage hergestellt werden kann.

MONITORING UND KRISEN-PR VIA INTERNET

Die Möglichkeiten der Online-PR sind vor allem in Krisensituationen sehr hilfreich. Nutzen Sie das Internet, um Stellung zu beziehen, wenn es Differenzen und Kommunikationshürden gibt. Reagieren Sie schnell auf kritische User-Beiträge und mildern Sie negative Publicity ab.

Auch Pressemitteilungen lassen sich auf elektronischem Postweg sehr schnell in die Redaktionen versenden. So können Image- und schließlich auch wirtschaftliche Schäden für Ihr Unternehmen rechtzeitig verhindert werden.

PRAKTIZIEREN SIE MONITORING FÜR PR-VERÖFFENTLICHUNGEN

Bei den nahezu grenzenlosen Möglichkeiten des Web 2.0 sollten Sie alle Publikationen über Ihr Unternehmen im Auge behalten. Mit Monitoring führen Sie eine Reichweitenkontrolle Ihrer Öffentlichkeitsarbeit durch, beispielsweise mit Websidecontrolling, mit Monitoring über Suchmaschinen oder kostenpflichtige Clippingdienste, sowie kostenlos, mittels PR-Monitoring mit Google Alert.

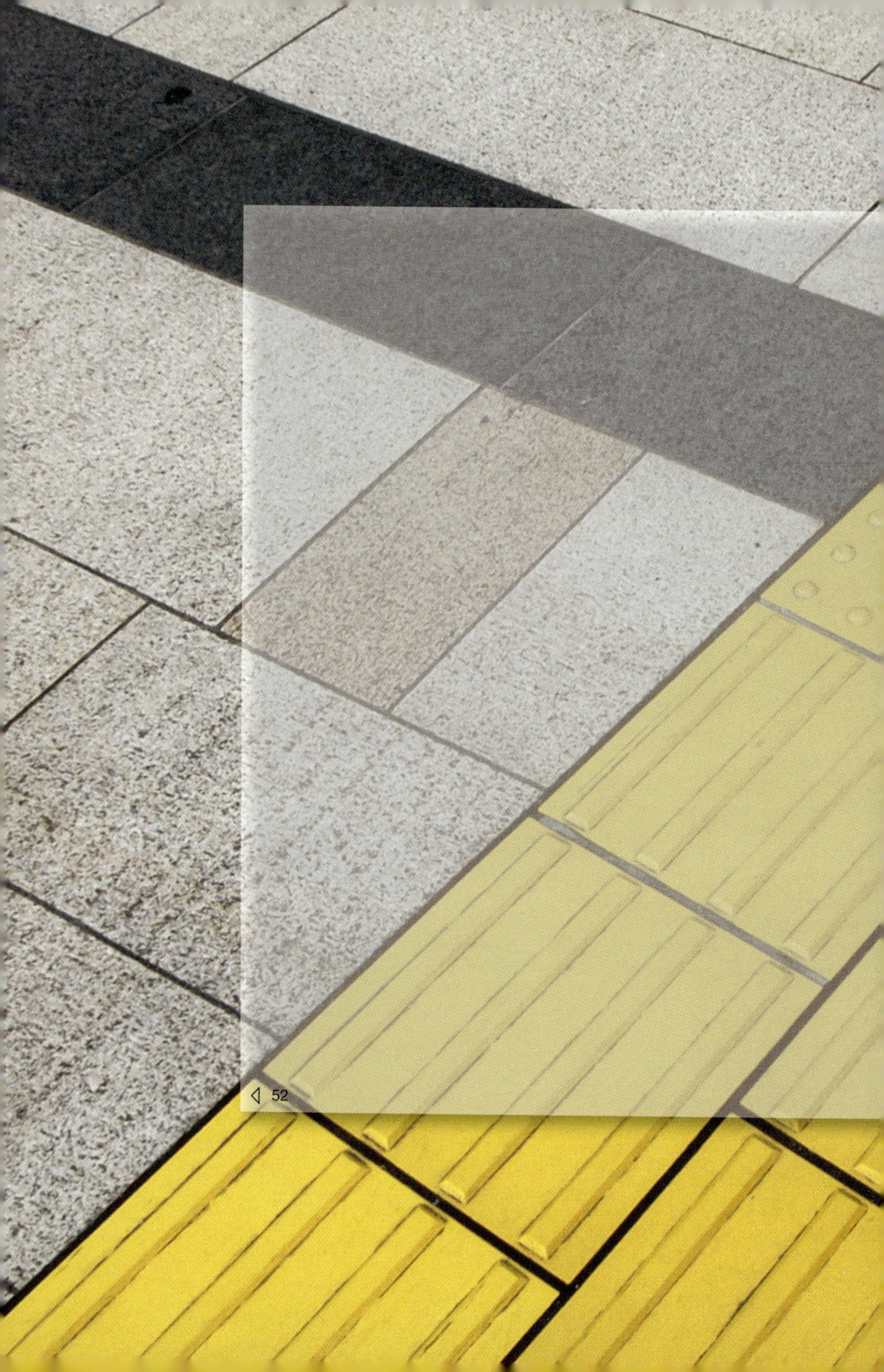

8 WEB USABILITY

Technischer Fortschritt, wechselnde Trends, progressive Features und das innovative Potential kreativer Webdesigner sorgen für permanente Neuntwicklungen im Bereich der Webseitengestaltung. Parallel dazu verändern sich die Ansprüche und Erwartungen der User sowie ihr Verhalten im Dialog mit interaktiven Systemen. Die einzige Konstante innerhalb des stetigen Wandels ist der Wunsch des Konsumenten nach Benutzerfreundlichkeit. Während die Umweltkomplexität zunimmt, unterliegen die kognitiven Verarbeitungskapazitäten des Menschen einer natürlichen Beschränkung. Wer diese überschreitet, setzt den Kunden unter Stress, sorgt für Verunsicherungen und kann sogar Frustration herbeiführen.

Der Dialog an interaktiven Benutzerschnittstellen hat zwei Seiten. Eine menschliche und eine technische. Gemäß seiner menschlichen Aufnahmefähigkeit muss dem Benutzer ein verständlicher Zugang zur technischen Seite ermöglicht werden. Die optimale Benutzerfreundlichkeit im Onlinebereich ist gegeben, wenn der User sich ohne bewussten Einsatz von Zeit, Geduld oder Gedächtnisleistung intuitiv auf den Inhalt der Webseite konzentrieren kann. Mit fortschreitender Komplexität wird der Grad der Web-Usability in den nächsten Jahren einen wichtigen Wettbewerbsvorteil darstellen. Nur wer das Bedürfnis des Menschen nach Orientierung und Sicherheit berücksichtigt, wird mit erfolgreichem Kundenkontakt honoriert. Der Erfolg Ihres Internetauftritts liegt in der Hand des Benutzers. Also bleiben Sie vor allem: benutzerfreundlich.

Um als benutzerfreundlich zu gelten, müssen innerhalb der Dialoggestaltung gewisse Anforderungen erfüllt werden. In der Normenreihe ISO 9241 hat die International Standards Organisation wesentliche Richtlinien der Interaktion zwischen Mensch und Computer festgehalten.

Die nachfolgenden Handlungsempfehlungen beruhen sowohl auf diesen Normen als auch auf pragmatischen Aspekten, die trotz ihrer Selbstverständlichkeit oft missachtet werden.

BEDIENFREUNDLICHKEIT

Die Komplexität interaktiver Systeme wächst kontinuierlich und führt zwischen Unternehmen und Endkunden zu einem Gefälle im Know-how. Der wichtigste Faktor, der zu jeder Zeit und in jedem technischen System eingehalten werden muss, ist die Bedienfreundlichkeit.

Was auf Expertenseite oftmals selbsterklärend erscheint, kann beim Kunden schnell zur Verwirrung und Desorientierung führen. Kleinste Unterschiede in der Wortwahl, der Farbgebung oder der Größe von Hyperlinks können sich bereits auf die Web-Usability auswirken. Die Webseiten sollten deshalb stets so einfach wie möglich gestaltet sein.

AUFGABENANGEMESSENHEIT (ISO)

Mit dem Besuch einer Webseite verfolgt der User in der Regel ein bestimmtes Ziel. Dazu zählen beispielsweise der Erwerb von Produkten, die Beschaffung von Informationen oder die Kontaktaufnahme zum Webseitenbetreiber. Damit der Nutzer sein Vorhaben schnellstmöglich erreichen kann, muss die Navigation stringent zielführend sein, unnötige Interaktionen gilt es zu vermeiden.

SELBSTBESCHREIBUNGSFÄHIGKEIT (ISO)

Niemand geht gerne verloren. Schon gar nicht im World Wide Web. Es müssen ausreichend Orientierungspunkte geboten werden, damit der User auf seiner virtuellen Reise stets weiß, wo er sich gerade befindet. Jeder einzelne Dialogschritt sollte durch eine Rückmeldung des Dialogsystems verständlich gemacht werden, sodass die menschliche Intuition zur Bedienung der Webseite ausreicht. Beispielsweise sollten Links so formuliert sein, dass man vorhersehen kann, wohin sie führen. Ladezeiten sollten mit der Meldung „Bitte warten" angekündigt und erfolgreich abgeschlossene Aktionen mit einer positiven Rückmeldung belohnt werden. Diese Faktoren sorgen für Sicherheit und wirken sich maßgeblich auf die Vertrauensbildung aus.

ERWARTUNGSKONFORMITÄT (ISO)

Durch die Orientierung an bestehenden Mustern und etablierten Standards werden das Design und die Navigation für den User vorhersehbar. Ein festes Layout oder eine vertraute Terminologie ermöglichen unter Berücksichtigung erlernter Verhaltensweisen die intuitive Bedienung von Webseiten. Wer die Verhaltensmuster seiner Zielgruppe kennt, kann passende Navigations- und Sprachvarianten anbieten. Doch nicht immer ist der konventionelle Weg der erfolgversprechendste. Wenn ausreichend Involvement vorhanden ist, kann die Aufmerksamkeit der Nutzer auch durch Abweichungen von der Norm gewonnen werden.

LERNFÖRDERLICHKEIT (ISO)

Trotz weitverbreiteter Konventionen sehen sich Benutzer regelmäßig mit neuartigen Bedienungssystemen konfrontiert. Dies führt nicht zwangsläufig zu einem Abbruch des Dialogs – der Benutzer ist durchaus lernfähig, nur erwartet er dabei Unterstützung und Anleitung. Wer seine Webseite bewusst von erlernten Mustern abweichen lässt, muss Hilfestellungen anbieten – beispielsweise in Form einer Guided Tour oder durch ausführliche FAQ.

FEHLERTOLERANZ (ISO)

Hinter jedem User verbirgt sich ein ganz normaler Mensch. Und Menschen neigen zu Fehlern. Ein interaktives System sollte seine Funktionsweise deshalb auch bei fehlerhaften Eingaben aufrechterhalten können. Es sollte seine Benutzer im Rahmen der Fehlervermeidung vor Fehlern bewahren und sie mittels Fehlerkorrektur bei der selbstständigen Behebung von entstandenen Fehlern unterstützen.

STEUERBARKEIT (ISO)

Der User hat gerne alles unter Kontrolle. Insbesondere, wenn er virtuelles Neuland betritt. Je schneller ihm alle Möglichkeiten zur Steuerung der Webseite aufgezeigt werden, desto sicherer fühlt er sich und desto umfangreicher gestaltet sich die Interaktion. Versetzen Sie sich in die Lage Ihres Nutzers und bieten Sie ihm alle Funktionen an, die er erwartet. Abbruchmöglichkeiten, das schnelle Zurückkehren auf die Startseite oder auch die Stummschaltfunktion für Audiodateien sind Steuerungselemente, die dem Benutzer das Gefühl von Kontrolle und Sicherheit vermitteln.

INDIVIDUALISIERBARKEIT (ISO)

Individualisierbarkeit ist zwar keine Voraussetzung für Erfolg, entwickelt sich jedoch mehr und mehr zu einem wichtigen Wettbewerbsvorteil. Wer seinen Besuchern die Möglichkeit bietet, die Suche durch individuelle Anpassungen zu erleichtern oder zu beschleunigen, hebt sich positiv von der Konkurrenz ab.

FEHLER ZULASSEN, FEHLER BEHEBEN

Durch den kontinuierlichen Wandel befinden sich Websites in einem permanenten Entwicklungsprozess. Die Gewährleistung der Web-Usability sollte dabei nicht den Fortschritt hemmen. Ohne Mut zu Fehlern bleiben Innovationen langfristig auf der Strecke. Damit die Experimentierfreude trotz Risiken nicht verloren geht, müssen sich Implementierung und Kontrolle abwechseln – denn nur wer kontrolliert, kann auch optimieren. Mit Hilfe von Usability-Tests, Befragungen und Tracking können Risiken frühzeitig erkannt und die nötigen Fehlertoleranzen aufrechterhalten werden.

⊗

USER EXPERIENCE

Eine hohe Gebrauchsfreundlichkeit allein ist noch lange kein Erfolgsgarant. Die Einhaltung der Web-Usability gehört vielmehr zum unverzichtbaren Fundament eines erfolgreichen Onlineauftritts und ist erforderlich, damit ein Dialog überhaupt zustande kommen kann. Ein fehlender Nutzer kann dadurch aber nicht ersetzt werden, denn ein User besucht eine Webseite nicht aufgrund ihrer einwandfreien Navigation oder Ladegeschwindigkeit. Ist ein barrierefreier und intuitiver Dialog gewährleistet, müssen Sie Emotionen im Rahmen des gesamten Nutzungserlebnisses sowie inhaltliche Relevanz schaffen.

9 NEWSLETTER UND E-MAIL MARKETING

E-Mailings haben klassische Postmailings oder auch Anzeigenmarketing hinter sich gelassen. Die Gründe für diese Etablierung sind offensichtlich: Wenn E-Mail Marketing richtig eingesetzt wird, gibt es keinen Werbeträger, der effektiver und kosteneffizienter ist. E-Mail Marketing als Teilbereich des Direktmarketings eignet sich optimal zur Erstellung von Werbebotschaften sowie zur reinen Informationsverbreitung und wird von Unternehmen als Dialoginstrument verwendet. Trotz zahlreicher Vorteile wie z. B. Versandschnelligkeit und geringer Streuverluste können die Normen des klassischen Direktmarketings jedoch nicht 1:1 übertragen werden. Im E-Mail Marketing unterlaufen nach wie vor Fehler, die dazu führen, dass Newsletter nicht abonniert oder sofort wieder abbestellt werden. Diese Fehler sind schwerwiegend, denn wenn der E-Mail Empfänger einmal an der Glaubwürdigkeit der Newsletter zweifelt, ist es fast unmöglich, das Vertrauen zurückzugewinnen.

Machen Sie deshalb von Beginn an alles richtig und halten Sie sich an einige Richtlinien, die in der E-Mail Marketingplanung berücksichtigt werden sollten.

HOLEN SIE SICH DIE AUSDRÜCKLICHE ERLAUBNIS IHRER ZIELGRUPPE (PERMISSION MARKETING)

Sie sollten niemals einen Newsletter ohne Einwilligung verschicken, egal ob B2C oder B2B. E-Mail Marketing funktioniert nur, wenn sich der Empfänger nicht belästigt fühlt. Und von Ihrem Newsletter einen seriösen Eindruck gewinnt. Fragen Sie vorher ausdrücklich nach, ob jemand in die Verteilerliste aufgenommen werden will. Überwinden Sie die Spam-Filter. E-Mails, die im Spam-Filter landen, werden nicht gelesen. Und eine weitere Folge: Man nimmt Ihr Unternehmen eher negativ wahr.

VERMEIDEN SIE INFORMATIONSÜBERFLUTUNG

Der erste Eindruck zählt. Entwerfen Sie ein genaues Konzept davon, welche Informationen in dem Newsletter veröffentlicht werden sollen. Lange E-Mails, bei denen der Empfänger zu viel scrollen muss, werden meist nach dem ersten „Überfliegen" gelöscht. Vermeiden Sie es, mehrmals täglich Newsletter zu versenden und halten Sie sich an die „1-mal-wöchentlich-Faustregel".

ACHTEN SIE AUF DIE DEUTLICHKEIT DES ABSENDERS

Ein wesentlicher Aspekt für die Glaubwürdigkeit und Seriosität Ihrer Newsletter ist die Sichtbarkeit des Absenders, beispielsweise in Form eines vollständigen Impressums. Auch die Betreffzeile darf keinesfalls fehlen oder undeutlich sein und sollte den Kundennutzen hervorheben. Der Empfänger wird in den ersten drei Sekunden darüber entscheiden, ob er sich den Newsletter ansieht oder gleich löscht.

INFORMIEREN SIE ÜBER DEN NEWSLETTER HINAUS

Der Empfänger sollte die Möglichkeit haben, ein Thema auch über die erste elektronische Information hinaus zu vertiefen. Schaffen Sie daher für weiterführende Informationen und Angebote Links auf Ihrer Unternehmenswebsite. Beachten Sie, dass das Laden der Links zügig funktioniert, damit der Empfänger den Vorgang nicht vorzeitig abbricht.

BEDENKEN SIE DIE JURISTISCHEN RAHMENBEDINGUNGEN

Da es sich bei E-Mail Newslettern um eine Methode des Direktmarketings handelt, sollte Ihr Empfänger das Gefühl haben, ernst genommen zu werden. Erkundigen Sie sich im Vorfeld genau über die juristischen Richtlinien, beispielsweise über das Permission Marketing (Einwilligung des Empfängers), das anonyme Anmeldeverfahren oder die Impressumpflicht für Newsletter.

BIETEN SIE DIE MÖGLICHKEIT DER ANONYMITÄT

Die meisten Empfänger möchten nicht als reale Menschen identifiziert werden. Aus diesem Grund sollte das Anmeldeformular lediglich das Pflichtfeld „E-Mail Adresse" aufweisen. Alle weiteren Angaben zur Person sind nicht erforderlich und sorgen im Zweifel eher für Misstrauen.

ACHTEN SIE AUF FORM UND GESTALTUNG

Das Auge funktioniert immer als Gatekeeper und entscheidet innerhalb weniger Sekunden, ob der Inhalt rezipiert oder gelöscht wird. Die Ausprägungen eines Newsletters können sehr unterschiedlich sein. Nach wie vor werden klassische E-Mails im HTML-Format mit redaktionellen Inhalten bevorzugt. Eine Weiterempfehlungsfunktion, beispielsweise zu einem Social Network wie Facebook, bietet die Möglichkeit, dass Ihr Newsletterdienst an Kollegen und Freunde weitergeleitet wird.

VERHINDERN SIE STREUVERLUSTE DURCH DIALOGFÄHIGKEIT

E-Mail und Newsletter Marketing leben wie alle anderen Bereiche des Marketings vom Dialog mit den Kunden. Dialogorientierte Kundenkommunikation auf elektronischem Postweg entsteht durch einen seriösen Eindruck des Newsletters und die Einbindung von interaktiven Elementen wie z. B. Feedbackmöglichkeiten. Durch kommunikative Rückkoppelungsoptionen können Sie zudem Streuverluste vermeiden.

NUTZEN SIE E-MAIL MARKETING FÜR DIE SCHNELLE KRISENKOMMUNIKATION

Eines Ihrer Produkte wird im Internet von Kunden negativ bewertet oder es verbreiten sich Gerüchte wie ein virtuelles Lauffeuer? Nutzen Sie die Schnelligkeit des E-Mail und Newsletter Marketing, um möglichst zeitnah Stellung zu nehmen und somit weitere negative Informationsverbreitungen zu verringern.

EVALUIEREN SIE IHREN E-MAIL UND NEWSLETTER VERSAND

Anders als beim klassischen Marketing eignet sich diese Form des Online-Marketings exzellent zum präzisen Controlling in Echtzeit. So lassen sich zum Beispiel die bereits versandten E-Mails sowie die Klick- und Öffnungsraten einer Newsletter Ausgabe problemlos ermitteln. Durch diese Controllingmöglichkeiten können Sie tagesaktuelle Daten über Markt- und Kundenverhalten optimal auf die Bedürfnisse Ihrer Zielgruppen zuschneiden.

◁ 64

⊗
65 ▷

10
MOBILE APPLICATIONS

⊗

Unter der Devise „Always on Real-Time" wurden und werden mobile Applikationen für moderne Mobiltelefone, Smartphones und PDA entwickelt. Die One-Touch Mobile Applikation (App) ist eine Anwendungssoftware, die ihre Popularität durch den unkomplizierten und schnellen Downloadprozess erworben hat. Voraussetzung ist ein internetfähiges mobiles Endgerät, das durch den Übertragungsstandard WAP (Wireless Application Protocol) auf den AppStore oder Market zugreifen kann. Ein „Klick" genügt, um Ihre Musik-, Bild- und Textdateien sowie Programme mit der App zu optimieren und zu verwenden. Durch die kontinuierliche Entwicklung neuer Applikationen haben viele Unternehmen ihr Augenmerk auf das Mobile Marketing gelegt und bieten dem Endverbraucher ihre Produkte als App an.

Bei der Entwicklung und Anwendung von Applikationen sind jedoch einige wesentliche Punkte zu beachten.

DEFINIEREN SIE IHRE ZIELGRUPPE

Bevor Sie sich entschließen, Applikationen für Ihre Produkte zu entwickeln, sollten Sie eine genaue Zielgruppenanalyse durchführen. Durch welche mobilen Betriebssysteme erreichen Sie die Endverbraucher? Muss es ein iPhone App sein, oder führt Ihre Idee eher über den Android-Market zum Erfolg?

WELCHE ANFORDERUNGEN STELLEN SIE AN DIE APPLIKATION

Wie soll die App formal und inhaltlich aussehen? Was soll diese dem Kunden bieten und wie gelangt der Kunde an die App? Eine Anforderungsanalyse vor der Entwicklung von Applikationen ist unerlässlich. Die Anforderungen sollten Sie zudem in Form eines Pflichtenheftes dokumentieren, um alle Punkte während der Entwicklung und im Nachhinein nachvollziehen zu können.

ENTWERFEN SIE EIN GROSSKONZEPT

Nachdem Sie alle Anforderungspunkte notiert haben, folgt die Konzeption der gesamten Entwicklung. Diese sollte Aspekte für die Zielgruppenanalyse, die zeitliche Planung sowie für die Umsetzung und Kontrolle beinhalten. Ein Großkonzept ist wichtig, um einen Gesamtüberblick über die App-Entwicklung zu erhalten.

GEHEN SIE INS DETAIL

Dem Entwurf eines Großkonzeptes folgt die Feinanalyse Ihrer App-Entwicklung. Konkretisieren Sie Ihre Planung, die Umsetzung und die Kontrolle und reduzieren Sie das Großkonzept auf wesentliche Punkte, die Sie dann an Ihre App-Entwickler weitergeben und mit diesen besprechen.

PROGRAMMIERUNG

Nachdem das Konzept steht, findet die App-Entwicklung bis zum Wireframe statt. Wichtig ist, dass Sie stets im Dialog mit Ihren Entwicklern bleiben, damit Sie erfahren, ob der zeitliche Rahmen und das Gesamtkonzept umsetzbar bleiben. Planen Sie Komplikationen in der App-Entwicklung in Ihre zeitliche Planung ein.

SORGEN SIE FÜR EIN KLARES UND ERFRISCHENDES DESIGN

Das intuitive Design einer App ist das Fundament ihres Erfolg. Der User sollte sich ohne bewussten Einsatz von Zeit, Geduld oder Gedächtnisleistung intuitiv auf den Inhalt der App konzentrieren können. Optimale Innovationen erhalten Sie, wenn Sie mit mehreren App-Entwicklern zusammenarbeiten, die Ihre Ideen grafisch umsetzen.
So entsteht Ihr individuelles User Interface.

SETZEN SIE LOCATION BASED SERVICES EIN

Die Nachfrage nach standortbezogenen Dienstleistungen, sogenannten Location Based Advertising (LBA) ist bei Werbekunden rapide gestiegen. Es handelt sich hierbei um GPS-Daten, die den Standort des Nutzers ermitteln und ihm so die Möglichkeit bieten, mit der Umgebung zu interagieren. Über das mobile Endgerät werden Informationen über den Aufenthaltsort des Nutzers gesendet. Freunde, Bekannte und Kollegen können somit nachverfolgen, wo man sich gerade aufhält. Zudem kann man mit einem „Klick" herausfinden, wer sich gerade ebenfalls im näheren Umfeld befindet.

TESTEN SIE IHRE APP VOR DER VERÖFFENTLICHUNG

Bevor Sie Ihre neue App publizieren, sollten Sie Ihren Service selbst auf Funktionalität und Usability testen. Wenn alles ohne Probleme funktioniert, folgen Veröffentlichung, Promotion und PR für Ihre App.

Die beste Idee für eine App nützt nichts, wenn der Launch nicht durch eine maßgeschneiderte Kampagne gestützt wird. Dies lässt sich mit Blogmarketing, viralem Marketing (z. B. YouTube-Videos), Pressearbeit und der Buchung relevanter Medien durchführen.

GOING LIVE – DIE ABNAHME

Nun ist Ihre App fertig und nutzungsbereit. Stellen Sie Ihre App im AppStore oder Android-Market zum Download bereit.

FÜHREN SIE EINE NUTZERANALYSE DURCH

Evaluieren Sie das App-Nutzungsverhalten. Wer nutzt Ihren Service über welches Betriebssystem? Wie hoch sind die Nutzerzahlen und ist es Ihnen gelungen, Ihre Zielgruppe mit der App zu erreichen? Eine Nutzeranalyse macht es möglich, Anwendungsfehler aufzudecken und diese in zukünftigen App-Aktualisierungen zu beheben.

QUELLE UND NÜTZLICHE LINKS

1
SOCIAL MEDIA

Quellen:
- http://www.bvdw.org/medien/bvdw-veroeffentlicht-Social Media-leitfaden-fuer-unternehmen-und-mitarbeiter?media=1770
- http://www.slideshare.net/romananlanger/strategien-und-handlungsempfehlungen-fr-social-media-marketing
- http://www.slideshare.net/3wpr/social-media-marketing-2461438
- http://www.slideshare.net/talkabout/social-media-wertschpfung-und-der-faktor-mensch
- http://t3n.de/news/social-media-erfolg-langfristig-sichern-14-tipps-307916/
- http://www.absatzwirtschaft.de/content/communication/news/sieben-schritte-zur-social-media-strategie;73935
- http://www.socialnomics.net/

Nützliche Links:
- Medienplanungs Tool: https://www.google.com/adplanner
- Social Media Planer: www.socialmediaplanner.de

2
FACEBOOK

Quellen:
- http://allfacebook.de/wp-content/uploads/2010/08/facebook_insights_tutorial.pdf
- http://www.slideshare.net/soapcreative/soap-creative-10-facebook-myths-busted
- http://allfacebook.de/allgemeines/8-erste-schritte-fur-facebook-seiteneigentumer
- http://de.wikipedia.org/wiki/Social_Network_Marketing
- http://de.wikipedia.org/wiki/Facebook#Statistik

Nützliche Links:
- Seite anlegen: http://www.facebook.com/pages/create.php
- Vanity URL festlegen: http://www.facebook.com/username (ab 25 Fans)
- Kontaktformular Facebook: http://www.facebook.com/business/contact.php
- Facebook Werbeanzeigen: http://www.facebook.com/ads
- Facebook AGB: http://www.facebook.com/terms.php
- Richtlinien: http://www.facebook.com/page_guidelines.php
- Richtlinien für Promotions: http://www.facebook.com/promotions_guidelines.php
- Werberichtlinien: http://www.facebook.com/ad_guidelines.php
- Nutzungsbedinungen: http://www.facebook.com/terms_pages.php

3
TWITTER

Quellen:
- http://lumma.de/2010/02/03/die-10-goldenen-regeln-fur-twitter/
- http://jaysontcote.com/2009/02/top-twitter-management-tools/
- http://www.toprankblog.com/2010/02/twitter-management-tools/

Nützliche Links:
- Allgemeine Geschäftsbedingungen: http://twitter.com/tos
- Twitter für Unternehmen: http://business.twitter.com/
- Twitter Blog: http://blog.twitter.com/

4
ONLINE COMMUNITIES

Quellen:
- http://www.bvcm.org/2010/05/veroffentlichung-der-offiziellen-definition-%E2%80%9Ecommunity-management%E2%80%9C/
- http://www.community-management.de/2008/05/was-ist-eigentlich-community-management/
- http://www.best-practice-business.de/blog/?p=3670
- http://t3n.de/news/vergesst-Social Media-roi-306491/

5
SUCHMASCHINENOPTIMIERUNG

Quellen:
- http://static.googleusercontent.com/external_content/untrusted_dlcp/www.google.de/de/de/webmasters/docs/einfuehrung-in-suchmaschinenoptimierung.pdf
- http://www.google.com/support/webmasters/bin/answer.py?hl=de&answer=35291
- http://www.slideshare.net/randfish/introduction-to-seo-5003433
- http://www.slideshare.net/visual4/grundlagen-suchmaschinenoptimierung
- http://www.daniel-gremm.de/backlinkaufbau/1034

Nützliche Links:
- Google Richtlinien:http://www.google.com/support/webmasters/bin/answer.py?answer=35769&hl=de

6
SUCHMASCHINENMARKETING

Quellen:
- https://adwords.google.com/support/aw/bin/answer.py?hl=de&answer=6084
- http://www.advertising.de/sem.html

Nützliche Links:
• Google AdWords: adwords.google.de
• Google Analytics: www.google.com/intl/de/analytics/
• Google Richtlinien:http://www.google.com/support/webmasters/bin/answer.py?answer=35769&hl=de
• Yahoo Advertisingsolutions: http://advertisingcentral.yahoo.com/searchmarketing/de_DE/yahoo-suchmaschinenmarketing

7
ONLINE
PR

Quellen:
• http://www.online-marketing-praxis.de/tipps/artikel/prstrat.php3
• http://www.jaron.de/smm-social-media-marketing/?gclid=CKTw2ubq36gCFQMu3wodfXB8Bg&mpch=sem

8
WEB
USABILITY

Quellen:
• Puscher, Frank: Leitfaden Web-Usability: Strategien, Werkzeuge und Tipps für mehr Benutzerfreundlichkeit. dpunkt Verlag, Juli 2009.
• http://kommdesign.de/texte/din.htm
• http://www.fit-fuer-usability.de/
• http://www.daniel-gremm.de/usability/1325

9
NEWSLETTER
UND
E-MAIL
MARKETING

Quellen:
• Georgieva, Katya: E-Mail-Marketing-Newsletter. Leitfaden für den B-to-B Bereich. Diplomica Verlag GmbH, Hamburg 2009.
• http://www.eco.de/dokumente/Richtlinie_OnlineMarketing_2009.pdf
• http://spamfreies-internet.de/richtlinien-e-mail-marketing.html

10
MOBILE APPLIKATIONEN

Quellen:

• Adam Hagenmüller: Erfolgsfaktoren für Web 2.0 Applikationen. Books on Demand GmbH, Norderstegt 2008.
• http://netzwertig.com/2009/03/04/micropayment-wie-mobile-applikationen-die-internetwirtschaft-veraendern-koennen/
• Franz, Klaus: Handbuch zum Testen von Web-Applikationen. Springer-Verlag Berlin, Heidelberg.2007.
• http://www.apfelnews.eu/2010/09/10/apple-veroffentlicht-neue-appstore-richtlinien/
• http://mobilbranche.de/2011/05/location-based-services-werden-immer-relevanter/1704

GOLDMEDIA SALES & SERVICES GMBH

Die Goldmedia Sales & Services GmbH ist Teil der Goldmedia Gruppe und wurde 2004 gegründet. Das Unternehmen bietet umfangreiche Beratung sowie operative Leistungen im Marketing- und Mediabereich. Zum Leistungsportfolio gehören neben Konvergenzen von Online- und Offline-Marketing, Mediaplanung, SEO, SEM, Affiliate Marketing, Web 2.0 und Social Media Marketing auch das Consulting von Print und Online-Medien. Goldmedia ist zudem im Trainings- und Coaching-Bereich auf Online- und Offlinemarketing im Mediensektor spezialisiert und bietet bundesweit Seminare zu Onlinemarketing und Social Media-Marketing an. Neben bundesweiten Standorten hat Goldmedia außerdem internationale Agenturkooperationen und eigene Standorte in Paris, Zürich und London. Hauptsitz des Unternehmens ist Berlin, Deutschland.

Weitere Informationen:
http://www.goldmedia.com/online-strategy.html

GOLDMEDIA-GRUPPE

Die Goldmedia-Gesellschaften beraten nationale und internationale Kunden vor allem in den Bereichen Medien, Entertainment und Telekommunikation. Das Serviceangebot umfasst Strategie- und Politikberatung, Business Development, Produktinnovation, Markt- und Medienforschung sowie umfangreiche Marketingleistungen. Goldmedia kooperiert eng mit internationalen Partnern wie zum Beispiel Screen Digest in Großbritannien und ist Gründungsmitglied des europäischen Berater-Netzwerkes EMCA – European Media Consulting Association. Neben dem Hauptstandort Berlin sind Bereiche der Goldmedia-Holding zudem in Hamburg, Frankfurt, München und Düsseldorf vertreten.

Weitere Informationen:
http://www.goldmedia.com

◄ 76

77

SIMON BOÉ
GESCHÄFTSFÜHRER GOLDMEDIA SALES & SERVICES GMBH

Simon Boé – Jahrgang 1972 – gründete 1999 die Agentur Boé Kommunikation für strategische Beratung von Unternehmen aus dem Bereich Print- und Hörfunk. Schon 2000 stellte sich Boé Kommunikation den wachsenden Anforderungen an Online-Konzeptionen. Simon Boé ist gelernter Verlagskaufmann und war neben unterschiedlichen Stationen bei großen deutschen Radiosendern unter anderem Pressesprecher der Berliner Radiostation 104.6 RTL. Simon Boé entwickelte in dieser Zeit operative Strategien für Verlagshäuser wie Axel Springer, den Beltz Verlag oder die Ganske Verlagsgruppe.

2004 entstand aus der strategischen Allianz mit der Goldmedia GmbH die eigenständige Goldmedia Sales & Services GmbH.
Das Unternehmen unterstützt Firmen bei der Analyse ihrer komplexen Media- und Marketingstrategien und der klassischen Mediaplanung. Kernkompetenz von Simon Boé ist die Konvergenz von Offline- und Online- Marketing und die sich rasant und diversifiziert entwickelnden Spezialgebiete des Social Media-Marketings. Neben seinen Dozententätigkeiten arbeitet Simon Boé als Trainer und Coach und hält Seminare zum Thema Online-Marketing, Web 2.0 und Social Media- Marketing.

JANA LIPOVSKI
HEAD OF BUSINESS DEVELOPMENT UND STRATEGY CONSULTANT DER GOLDMEDIA GMBH

Jana Lipovski – Jahrgang 1982 – ist seit 2010 Strategy Consultant bei Goldmedia mit den Schwerpunkten Digitale Medien, Online-Marketing und Social Media. Seit 2011 ist sie zusätzlich Head of Business Development. Vor ihrer Tätigkeit bei Goldmedia arbeitete sie bei KPMG Europe LLP als IT Advisory in den Bereichen Prozessoptimierung, Projektmanagement und Risikomanagement.

Jana Lipovski studierte von 2008–2009 Europawissenschaften mit den Schwerpunkten Ökonomie, Recht und Politik an der Freien Universität Berlin und ist Master of European Studies. Von 2002–2007 war sie Studentin der Medienwirtschaft mit den Schwerpunkten Unternehmensstrategie und Marketing an der Hochschule der Medien (Stuttgart) und hat einen Abschluss als Diplom-Wirtschaftsingenieur.

HERAUSGEBER
Goldmedia Sales & Services GmbH

AUTOREN
Simon Boé, Jana Lipovski

CO-AUTOREN
Daniel Lucassen, Pauline Beier, Andrea Pramor

LEKTORAT
Frank Hatami-Fardi

PRODUKTION
Oliver Selzer, Sign Kommunikation GmbH

GRAFIK DESIGN
Antonia Henschel, Sign Kommunikation GmbH

TRADEMARK
PUBLISHING

ISBN 978-3-9814131-7-5

© 2011
Trademark Publishing und Autor

Alle Rechte vorbehalten. Kein Teil dieser Publikation darf ohne Zustimmung des Verlages reproduziert werden. Dies gilt insbesondere für Vervielfältigungen, Übersetzungen und die Einspeicherung und Verarbeitung in elektronischen Systemen.

Trademark Publishing
Westendstraße 87
60325 Frankfurt am Main,
Germany
www.trademarkpublishing.de

Printed in Germany